Siga o mapa da alegria
e encontre o amor em sua vida

Como superar as angústias e domar as fobias
Luciano Verdone

Encare seus medos e viva feliz
Francesca Bisogno

Siga o mapa da alegria e encontre o amor em sua vida
Francesca Bisogno

FRANCESCA BISOGNO

Siga o mapa da alegria
e encontre o amor em sua vida

Dados Internacionais de Catalogação na Publicação (CIP)
(Câmara Brasileira do Livro, SP, Brasil)

Bisogno, Francesca
Siga o mapa da alegria e encontre o amor em sua vida / Francesca Bisogno ; [tradução Cacilda Rainho Ferrante]. – São Paulo : Paulinas, 2009. – (Coleção bem-estar)

Título original: La mappa della gioia
ISBN 978-85-356-2431-1
ISBN 85-315-2916-1 (ed. original)

1. Alegria 2. Amor – Aspectos religiosos 3. Conduta de vida 4. Felicidade – Aspectos religiosos 5. Vida cristã I. Título. II. Série.

09-01987	CDD-248.4

Índices para catálogo sistemático:

1. Alegria e felicidade : Guias de vida cristã : Cristianismo   248.4

Citações bíblicas: Bíblia Sagrada – Tradução da CNBB. 7. ed. 2008.

Título original da obra: *La mappa della gioia*
© 2005 Paoline Editoriali Libri – Figlie di San Paolo –
Via Francesco Albani, 21 – 20149 Milano.

Direção-geral: *Flávia Reginatto*
Editora responsável: *Luzia M. de Oliveira Sena*
Assistente de edição: *Andréia Schweitzer*
Tradução: *Cacilda Rainho Ferrante*
Copidesque: *Mônica Elaine G. S. da Costa*
Coordenação de revisão: *Marina Mendonça*
Revisão: *Ana Cecilia Mari e Jaci Dantas*
Direção de arte: *Irma Cipriani*
Gerente de produção: *Felício Calegaro Neto*
Projeto gráfico e capa: *Telma Custódio*
Editoração eletrônica: *Wilson Teodoro Garcia*

Nenhuma parte desta obra pode ser reproduzida ou transmitida por qualquer forma e/ou quaisquer meios (eletrônico ou mecânico, incluindo fotocópia e gravação) ou arquivada em qualquer sistema ou banco de dados sem permissão escrita da Editora. Direitos reservados.

Paulinas
Rua Pedro de Toledo, 164
04039-000 – São Paulo – SP (Brasil)
Tel.: (11) 2125-3549 – Fax: (11) 2125-3548
http://www.paulinas.org.br – editora@paulinas.com.br
Telemarketing e SAC: 0800-7010081
© Pia Sociedade Filhas de São Paulo – São Paulo, 2009

Prefácio

"Quando alcançarei toda a alegria que eu tanto desejo?"

Sabe-se lá quantas vezes já reclamamos por causa desse desejo concreto de sermos finalmente felizes!

Sim, mas onde estará essa alegria? Como podemos encontrá-la, mesmo em meio ao estresse cotidiano e ao mau humor, ao sofrimento com o qual convivemos, às incompreensões, aos fracassos, aos medos?

Na verdade, parece que a alegria é algo quase irreal. E, muitas vezes, a bem-

-aventurança assegurada pelo Evangelho se mostra distante demais, quase inacessível. E, no entanto...

No entanto, nas confusões de nossa vida existe um tesouro, o "Tesouro", o único que dá sentido e total alegria a tudo aquilo que vivemos, mesmo quando nos sentimos sozinhos e sem esperança. Um Tesouro que fica *feliz* porque existimos (assim como nós somos!), que se mantém próximo e que nos abre os braços... *sempre!* Sim, você entendeu bem: é Deus!

De fato, na busca da felicidade muitas vezes usamos "mapas" que acreditamos ser eficazes: são nossos critérios, nossas próprias forças, nossas necessidades e desejos a serem satisfeitos, os objetivos que, em nossa opinião, nos proporcionarão alegria e serenidade.

Por exemplo:

- o afeto de uma pessoa muito querida que nos compreende e que *deve* estar sempre perto de nós;

- a riqueza material;

- tudo aquilo que é veloz, fácil, cômodo e que *não exige muito esforço* (já temos muitas obrigações e coisas para fazer!);

- nossa raiva e desilusão com relação a alguém ou alguma coisa que *não conseguimos* superar;

- a ideia de que alguém *tem de* nos ajudar sempre;

- a tranquilidade de *evitarmos* problemas ou pessoas com quem podemos discutir, porque a verdadeira paz para nós existe quando tudo está calmo, ordenado e controlado.

Todavia, esses tesouros que acreditamos ser nossa verdade, cedo ou tarde, diante de dores ou problemas, se revelam inadequados, ferem-nos.

Por que nos contentamos com pouco, com tesouros que se consomem, que se perdem num instante, se o Tesouro é Deus e o seu amor?

Temos direito à alegria, e não porque a merecemos, mas porque o Pai nos ama de verdade: somos os tesouros que ele procura com desvelo e alegria a todo momento.

- "Onde estiver o teu tesouro, aí estará também o teu coração", disse Jesus (Mt 6,21). E onde colocamos nosso coração e nossas certezas?

- "Não vivais preocupados com o que comer ou beber [...]. Buscai em primeiro lugar o Reino de Deus e a sua justiça, e todas essas coisas vos serão dadas por acréscimo" (Mt 6,25.33). E nós, o que ou quem procuramos?

Joguemos fora nossas falsas riquezas e recoloquemos nosso coração em Deus!

Não se trata de renunciar à alegria, à troca de afeto com os outros, à nossa realização, mas sim de escolher vivê-las e aproveitá-las com liberdade interior, com um sentido novo.

Acreditamos no amor de Deus mesmo quando sentimos a escuridão no coração, ou somos tentados a pensar que talvez seja "melhor" não amar por medo de sofrer?

Coragem! Concentremos nosso objetivo de realização no mapa que nos estimula a traduzir para a linguagem do amor todas as situações, mesmo as mais difíceis e dolorosas: o mapa da alegria.

Como? Confiando no Pai, no verdadeiro Tesouro, recomeçando a amar. Vamos procurá-lo confiantemente, porque ele nos procura primeiro e nos perdoa sempre! Deus é a solução para tudo e nos deseja um bem imenso, mesmo quando vivemos algo "mal resolvido".

Estão prontos? Boa busca!

1
O mapa do altruísmo

Muitas vezes reprimimos o desejo de agir, amar, entender, porque temos grande necessidade de ser tranquilizados, de que as situações sejam claras e não nos irritem (a vida cotidiana já é tão estressante!) e de que possamos nos ocupar somente com aquilo que nos interessa, sem precisar sofrer ou perder tempo.

Então:

- *evitamos dedicar tempo* a pessoas ou coisas que não dizem respeito a nossa família ou a nossa vida, porque já nos sentimos oprimidos pelo cansaço de criar um clima familiar positivo;

- tentamos obter o máximo das situações e, por medo de não sermos suficientemente notados, *depreciamos o trabalho dos outros* e fazemos tudo por nossa conta, mesmo que não fique tão bom, sem nos preocuparmos com as consequências;

- como a tranquilidade é tão importante para nós, *se houver um problema, evitamos falar sobre ele* com a pessoa interessada, até não aguentarmos mais, ou deixamos de lado qualquer conversa mais séria, porque vemos apenas duas alternativas: ou nos calamos (e ficamos amargos), ou falamos e provocamos uma briga (e vence quem grita ou fere mais);

- confiamos em Deus e cremos nele *somente quando amar é fácil,* quando não nos faz renunciar a nada; caso contrário, consideramos logo que ele está distante ou que não nos quer bem;

- acreditamos que, *somente se formos valorizados pelos outros,* se nos derem afeto, atenção e estima, encontraremos algum propósito na vida e seremos felizes; assim, gastamos muitas energias procurando maneiras de ser notados e mimados.

Entretanto, Deus se importa muito com nossa felicidade! Ele nos pede para amar sempre, em nome de nossa "alegria plena". Mesmo quando se esconde atrás de situações desgastantes ou incômodas.

Podemos confiar de verdade nele, o único que nos ama incondicionalmente.

Ainda que algumas vezes seja difícil considerar os outros "tesouros" amados por Deus, vamos abrir nosso coração, jogar fora o mapa das preocupações que nos faz buscar somente o que nos interessa. Recomecemos a crer, a amar!

E assim:

- Vamos amar de verdade nossa família e nos empenhar nas atividades do dia-a-dia, mas *peçamos a Deus forças para não nos fecharmos* (encorajando também nossos familiares a amar os outros); vamos dar atenção e amor de muitas formas, mesmo para quem está fora de nosso círculo de convivência, porque Deus se doa também através de nós! Dessa forma, viveremos com plenitude e serenidade.

- *Aceitemos sentir cansaço ou inveja* e renunciemos, com amor, ao desejo de somente nós sermos apreciados. Acreditemos que Jesus é um tesouro precioso também para aqueles que depreciamos (vamos nos colocar no lugar deles: como nos sentiríamos se fôssemos tratados do modo como os tratamos?), ou para quem não damos atenção porque não o conhecemos nem temos laços afetivos ou achamos que não possa nos retribuir.

- Vamos *nos abrir ao outro* para perguntar, amorosamente, o "porquê" de uma situação ou comportamento, a fim de ouvi-lo (renunciando ao julgamento de nosso coração). A verdadeira tranquilidade é aquela de Jesus, que, diante dos perseguidores que o acusavam aos gritos, permaneceu calmo, não fugiu daqueles que, de todas as formas, eram incapazes de entendê-lo ou escutá-lo; ao contrário, disse com amor o que pensava, ou seja, a verdade.

- Às vezes, para amar *é necessário renunciar a alguma coisa*, como, por exemplo, à nossa teimosia ou a um capricho. Somente usando o mapa do desejo de ter em nosso coração Deus e sua vontade, poderemos sentir a alegria renascer em nós.

- É necessário aceitar que possuímos uma grande "sede" de afeto e atenção; não obstante, devemos dar o primeiro passo em direção ao amor: *olhemos de verdade os outros, escutemos o que têm a nos dizer e nos interessemos realmente por eles*. E precisamos nos perguntar:

de que modo posso demonstrar afeto e estima? Com surpresas e mimos? Talvez, assim sintamos que aquilo que desejamos receber está em nós, porque o amor já nos habita! Dessa forma é possível construir relacionamentos mais belos e verdadeiros.

2
O mapa da alteridade

Usamos o mapa da "normalidade" quando decidimos empregar critérios pessoais para avaliar as situações, porque, em nossa opinião, para quase tudo na vida já existe um comportamento padrão a seguir. E por medo de nos sentirmos rejeitados, contentamo-nos em encontrar a alegria onde é possível, evitando ser demasiadamente espontâneos.

Quando, por exemplo:

- acreditamos que é "normal" e comum os outros *viverem a vida como estamos habituados a vivê-la*; então, se não utilizam as formas afetivas e de comunicação que são importantes para nós, interpretamos que são mal-educados, não se importam conosco, querem nos excluir e fazer mal;

- consideramos "normal" enxergar *Deus como um juiz severo*, sempre pronto a nos punir com sofrimentos, e a religião como cerceadora de nossa liberdade;

- se uma pessoa demonstra forte emoção, enraivecendo-se, ou enfrentando seu medo ou saindo de sua passividade, logo *pensamos que não tem consideração por nós*, que deseja nos fazer mal conscientemente; sendo assim, nós a fazemos entender, com agressividade e sarcasmo, que tal atitude "não é normal" e que, enquanto não mudar, não lhe poderemos dar carinho e confiança;

- diante de problemas recorrentes, de incompreensões e tensões, de uma crise, a melhor coisa a fazer, e que funciona para nós, é *censurar o outro* por sua omissão e esperar que ele apresente uma solução para a questão; isso porque não podemos ser os primeiros a dar o primeiro passo, "já fazemos demais... temos razão!";

- tememos tudo aquilo que não compreendemos, e nos parece "pouco normal" crer num Deus que se comporta diversamente de nós: ele *nos perdoa em vez de julgar* e se vingar, *ama todos* de uma forma única e segura (que criatividade "excepcional" ele deve ter!), mesmo quando estamos repletos de emoções negativas e medo; *morre por nós* numa cruz, ainda que "logicamente" a normalidade seria mostrar seu poder pela violência!

E, a nosso ver, de um modo, "anormal", ele ressurgiu! Venceu o mais previsível, lógico e "normal" dos limites humanos: a morte.

Não se trata de um convite para não refletir, mas para crer! Um Deus assim fantástico não lhe parece mais confiável e seguro do que todos os nossos esquemas, porque ele usa a "normalidade" do amor verdadeiro e imenso?

Eis, então, que:

- *Aceitemos confiar* em quem não é igual a nós. Não se trata de um inimigo, mas de uma pessoa para conhecer melhor, ouvir e fazer-se conhecer por ela, e amá-la assim como é. Vamos escolher considerar "normal" o fato de sermos diferentes, de termos comportamentos a ser compreendidos e aceitos, não excludentes e julgadores.

- Deus é amor! Faz brotar alegria mesmo em situações de sofrimento ou de limites e enganos. Quando fazemos o mal, ele nos faz entender o erro com amor, compreensão, bastando apenas pedir-lhe perdão para *encontrar quem cuide de nós como um verdadeiro Pai!* Ele é o inventor da leveza de coração e da capacidade de amar incondicionalmente! O Evangelho representa uma Boa-Nova que nos ajuda a encarar a realidade com mais consistência, alegria e confiança, e a amar e crer em Deus Pai.

- Reconheçamos que é humano preocupar-se ou sentir raiva quando o outro se mostra hostil ou recusa qualquer possibilidade de mudança ou diálogo. Mesmo nós, muitas vezes, reagimos com impertinência, recusando-nos a mudar porque: "Devem me aceitar assim como sou e, além disso, quem tem razão sou eu... E não arredo o pé!"; ou, então, pensamos: "Tenho medo demais!". Sendo assim, *vamos ajudar o outro a enxergar suas potencialidades*, estando próximos dele mesmo quando parecer retraído. Peçamos a Deus para não perdermos jamais a esperança com relação a qualquer pessoa (como Deus faz conosco...), para amá-la e ajudá-la sempre e gratuitamente.

- Ah! Que mal fazemos a nós mesmos e às outras pessoas quando atribuímos a responsabilidade dos problemas, de uma atmosfera fria e hostil, "só e exclusivamente" ao outro! Vamos abrir os olhos de nosso coração com o mapa da humildade e *pensar no que também podemos fazer* (certamente alguma coisa!), em como contribuímos para piorar a situação e o que depende de nós para resolvê-la, melhorá-la. Então, a dificuldade de renunciar ao nosso orgulho dará lugar à alegria e à liberdade interior.

3

O mapa do perdão

"É a única atitude que posso tomar nesta situação!".

Muitas vezes pensamos assim... E, frequentemente, nos tornamos escravos de nossas reações para com os outros, nós próprios e a vida, porque procuramos "fugir", defender-nos dos sofrimentos e das mudanças, e nos apegar àquilo que achamos que devemos receber. Quando, por exemplo:

- uma pessoa nos demonstra gentileza, amizade e, depois, inesperadamente, se fecha, nos ignora, então *reagimos, piorando a situação, nos fechando também*, evitando falar e demonstrando-

-lhe nosso desagrado, porque "foi ela mesma quem quis assim";

- descobrimos um defeito, um erro, a indiferença ou a maldade de uma pessoa, e *reprimimos imediatamente a afetividade* em relação a ela, porque "não somos fracos";

- não estamos satisfeitos com nós mesmos, talvez por um erro cometido, e *nos deprimimos*, desistimos de procurar os outros, de ajudá-los, de dar-lhes alegria. Ficamos à espera de que alguém perceba e nos tire de nosso desânimo;

- nos sentimos pouco desejados, inúteis, sozinhos e incompreendidos, e *reagimos desistindo de orar a Deus* ("já que ele não nos atende"). Evitamos os outros, e quanto mais tristes ficamos, mais nos isolamos.

Escute! Nosso maravilhoso Pai celeste *não reage a nós, mas age!* Sempre nos procura, ama-nos mesmo quando não nos comportamos de maneira afetuosa, ou não acreditamos nele, quando o tememos ou nos afastamos. Ele entende que, muitas vezes, nos defendemos também por medo.

Todavia, se reagirmos ao mal com o mal, mesmo que naquele momento pareça ser a melhor atitude e nos achemos "vencedores", na realidade ficamos enfraquecidos e nos tornamos piores.

Coragem! Vamos aprender a resistir ativamente, a agir, a usar o mapa do perdão? E, então:

- Aceitemos que nos sentimos aturdidos se uma pessoa inesperadamente muda de comportamento em relação a nós, e *usemos essa dor para tentar entender* humildemente o que aconteceu, o que depende de nós e o que podemos fazer para melhorar a situação.

- Permitamo-nos "sofrer" de fato a dor que experimentamos quando alguém nos fere e acreditar que não é fraqueza alguma sentir-se desse jeito. Vamos *"carregar a própria cruz"* sem ter reações distorcidas; é dessa maneira que recuperamos a confiança e a vontade de não reprimir nosso afeto, porque nos concentramos em entender aquela pessoa, e não em como fazê-la ver o quanto nos está ferindo.

- Mesmo estando deprimidos ou com uma tristeza que nos parece insuportável, *vamos escolher continuar a crer*, mesmo que só um pouquinho, um "grãozinho de mostarda", e recomeçar a amar, a fazer alguma coisa de bom. Continuemos a orar a Deus do fundo do coração, acreditando que ele logo vai nos ajudar e amparar. Sejamos os primeiros a procurar ajuda, sem ficar esperando nem nos martirizando.

- Quantas vezes acreditamos estar sós e incompreendidos, sem esperanças? E assim nos apegamos à ideia de termos mais direito de receber atenção e ser mimados pelos outros. Desse modo, porém, assumimos uma atitude defensiva e não nos libertamos. Vamos *aceitar a responsabilidade de nos fazer entender*, procurando nos comunicar com os outros, escutando-os. Continuemos a orar a Deus, com profissão de fé em seu amor, e perceberemos que a sensação de solidão e inutilidade vai se tornar mais leve, porque não é um sentimento natural em nós.

4

O mapa da fé

Quantos obstáculos precisamos enfrentar todos os dias! Dos menores àqueles mais desgastantes, constantes e dolorosos. Não raro, temos muita dificuldade em aceitar que possa existir um mapa diferente do desalento, da desconfiança, e que, não obstante tudo isso, seja possível ter confiança em Deus. O que fazer?

Usamos o mapa da desconfiança quando, por exemplo:

- nos convencemos de que somos "desafortunados", com menos recursos e possibilidades que os outros, porque

*nos sentimos (ou nos fazem sentir) inca-
pazes de realizar nossos desejos*, pouco
amados, presos a situações de sofrimento diante das quais nos achamos
impotentes; portanto, "não podemos"
ser serenos, livres, capazes de nos empenhar ou de oferecer coisas boas;

- pensamos que, se Deus nos amasse e
cuidasse de nós, não teríamos jamais
de passar por dificuldades ou sofrimentos; por isso, *qualquer problema
"é uma coisa terrível"*, que "não deveria acontecer" conosco, e então perdemos a fé no Pai, desapontados com
seu aparente desinteresse;

- *os outros* "não querem" entender e
aceitar como estamos nos sentindo, o
que desejamos, e *se tornam obstáculos*,
nos tratam mal; desse modo, resigna-

dos e repletos de amargura, comunicamos a eles somente o estritamente necessário;

- vivemos um período de muito estresse, no qual tudo parece motivo de dor, desânimo, incompreensão, e sem solução; nesse caso, em nossa opinião, *é inevitável "esquecer" a esperança*, suportando todos os problemas (levando-nos quase ao desespero e à prostração) ou nos irritando sempre mais com tudo e com todos;

- imaginamos que tudo seja muito difícil e que, *enquanto estivermos sofrendo, não poderemos continuar a amar*, confiar em nosso Senhor, até porque ele não está interessado em nós: "Se Deus realmente nos amasse, saberia que deveria pôr um fim a esses sofrimentos, demasiadamente grandes para nós...".

Vamos reconhecer nossa grande inclinação ao desalento. Mas lembremo-nos que o Senhor nos ama de forma pessoal e especial, que "sofre" conosco quando estamos sofrendo. É verdade! É muitíssimo difícil às vezes *crer*, mas ele sempre nos toma pela mão quando enfrentamos a vida, "pois para Deus nada é impossível" (Lc 1,37).

"Tudo posso naquele que me dá força" (Fl 4,13). Não porque sejamos onipotentes ou fortes, mas porque o Pai é poderoso no amor.

A alegria que Jesus promete é de tal maneira "plena", que pode manter-se em nós mesmo nas maiores dificuldades.

Qualquer problema tem por trás o "Tesouro", e se o vivermos com fé (basta um grãozinho de mostarda!) e amor, descobriremos que Deus é mais forte do que o mal – ainda que este pareça ter a última palavra – e que cada dor é também uma nova "oportunidade": *ocasião para o amor, o crescimento, a alegria verdadeira.*

Eis, pois, que:

- Vamos começar a crer que, em todas as situações de dor e escuridão vividas, Deus estava lá e está conosco, não nos abandonou nem nos abandona. Certamente, havia e *há uma mensagem-dádiva para nós por trás da dor*, a qual podemos descobrir se, apesar disso, continuarmos a amar. Peçamos todos os dias a Deus para usar o mapa da fé que permite "traduzir" os obstáculos.

- Nosso Deus é afetuoso, não deseja o mal nem as dificuldades. Mesmo quando sofremos, ele não nos deixou de amar. Não nos enganou com palavras adocicadas, não nos traiu ou iludiu. Ele é real, presente. Jesus nos disse que, mesmo quando amarmos, haverá dificuldades, perseguições, críticas, dores, mas *não podemos ter medo e devemos permanecer consistentes no seu amor* com o mapa da fé, porque o amor "transforma" as dificuldades em possibilidades, ocasiões. Porque nada, nenhum mal "será capaz de nos separar do amor de Deus" (Rm 8,39).

- Muitas vezes vemos os outros como obstáculos para nossa alegria, porque nos agarramos ao objetivo de torná-los próximos de nós a qualquer custo, iguais nos desejos e gostos; porque, atemorizados, preferimos depender de sua força, seu afeto, sua racionalidade. Porém, assim, nos traímos e oprimimos os outros. *Aprendamos a dar-lhes atenção, ouvidos, respeito,* ainda que vivam uma alegria que independe de nós.

- Mesmo nos longos períodos de "escuridão" e dificuldades em muitos setores de nossa vida, vamos confiar tudo a Deus (incluindo o estresse!). Vamos nos abrir a ele, pedir luz para amar, para continuar a ter confiança, valorizando nosso dia-a-dia. *Mesmo em nossa escuridão existe um agir misterioso, porém verdadeiro e eficaz* de Deus para conosco, um convite para "curar" nossas ideias e comportamentos, usando alguns de nossos recursos que, por preguiça ou medo, não enxergamos.

- Deus sabe melhor do que nós o que nos faz bem, qual nosso verdadeiro tesouro. *Não vamos apegar-nos àquilo que vemos e sentimos no presente*, mas confiar em seu amor que nos leva a uma alegria plena. Recomecemos a amar. Deus deseja que sirvamos de testemunhas de seu amor para com os outros. Se amarmos antes de resolver um problema, e apesar de nossa dor, a paz, a força e a alegria renascerão em nós...

5

O mapa da humildade

Em que medida cremos no amor incondicional de Deus por todos nós? Muitíssimas vezes, pensamos que só se formos muito bons, perfeitos, prestativos (mesmo não sendo tão sinceros), poderemos merecer o amor dos outros (e amá-los), de nós mesmos e de Deus.

Quando, por exemplo:

- nos convencemos de que *Deus ama principalmente as pessoas capazes, boas e vencedoras*, passamos a desprezar quem, ao contrário, parece menos forte, porque "é preciso saber encarar a realidade";

- cremos profundamente que *Deus nos julga segundo nossos méritos*: sentimo-nos dignos de seu amor se amamos ou praticamos uma boa ação, e indignos se cometemos erros ou fizemos o mal; assim, por medo e raiva não o buscamos, não nos abrimos a ele nem lhe pedimos ajuda;

- se alguém nos trata mal, é ingrato, nos ofende ou nos exclui de coisas importantes para nós, ou toma a liberdade de agir à sua maneira, nossa reação é *nos vingarmos*, pensando: "Não estou punindo ninguém, porque é normal que aquela pessoa não mereça mais o meu carinho... ela é muito má! Estou sofrendo e agora devo fazê-la entender que não pode mais agir desse modo. Ela também tem que sofrer!";

- *nos julgamos maus* cada vez que não damos aos outros o que eles necessitam e nos enfurecemos com nós mesmos, com tudo e com todos;

- damos amor aos outros, e, muitas vezes, quanto mais nos doamos, acolhemos e perdoamos, mais *nos apegamos à ideia de que "devem" retribuir*, senão perdemos tempo e energia à toa!

Todavia, com essas atitudes nos sentimos oprimidos e obrigados a ser sempre muitíssimo bons, capazes e serenos. E, frustrados, nunca conseguimos nos transformar no que queríamos ou "deveríamos".

Se usarmos o mapa dos merecimentos, vamos nos sentir desencorajados, inadequados, descontentes, porque é ilusão pensar que a alegria depende do quanto os outros, ou nós, são perfeitos para podermos apreciá-los e nos aproximar.

Mas Deus é sábio e nos ama com alegria assim como somos, não porque merecemos alguma coisa.

Sua misericórdia é infinita, sempre pronta a acolher, perdoar, ajudar: ele é sempre o primeiro a vir ao nosso encontro... Deus nos quer bem, independentemente do quanto somos bons ou capazes! *Ele nos ama, estima e perdoa sempre e incondicionalmente.* Vamos contar com a bondade e a capacidade do nosso Deus, não com as nossas!

Então:

- Lembremo-nos de que Deus é o único verdadeiramente bom, capaz e inteligente. *Vamos escolher o mapa da humildade*, e não idolatrar nossa perspicácia ou capacidade; procuremos e olhemos com fé e simplicidade libertadora o tesouro até mesmo em quem é mais lento, menos hábil, frágil, porque Deus "escondeu" muitas coisas "dos sábios e dos entendidos". Portanto, *vamos desenvolver nossos talentos, mas com a lógica do amor de Deus,* e nos colocar a serviço de todos, acreditando nas suas capacidades e ajudando-os a desenvolvê-las.

- Deus nos ama tanto que nos compreende profundamente mesmo quando erramos ou sentimos medo; porém, pede também que lhe doemos tudo. *Não usemos nossos limites para atingir os outros ou desanimarmos*, mas fazer deles oportunidades para crer mais em sua bondade e misericórdia.

- *Erramos, ferimos, excluímos porque somos humanos*; no entanto, o que desejamos para nós? Entenderíamos melhor nossos erros se o outro se vingasse e nos punisse, ou se nos ajudasse a entender que está magoado, nos perdoasse e quisesse que o amássemos em vez de feri-lo? Se Deus sempre perdoa, podemos pedir-lhe forças para perdoar e ajudar o outro a não nos ferir.

- Vamos nos aceitar mesmo quando não fizermos o melhor; peçamos perdão a Deus e *entendimento para não deixarmos passar* a possibilidade de nos doar mais às pessoas na próxima vez e de ajudá-las com disponibilidade amorosa, para que também elas usem suas capacidades e recursos.

- Vamos oferecer algo sem esperar uma retribuição "obrigatória"; desse modo, ficaremos mais altivos, livres interiormente, serenos e fortes, porque *nossa recompensa é o tesouro do amor jubiloso de Deus* que já existe em nós e é real!

Sumário

Prefácio 5

1. O mapa do altruísmo 11

2. O mapa da alteridade 19

3. O mapa do perdão 27

4. O mapa da fé 33

5. O mapa da humildade 41